AF589691

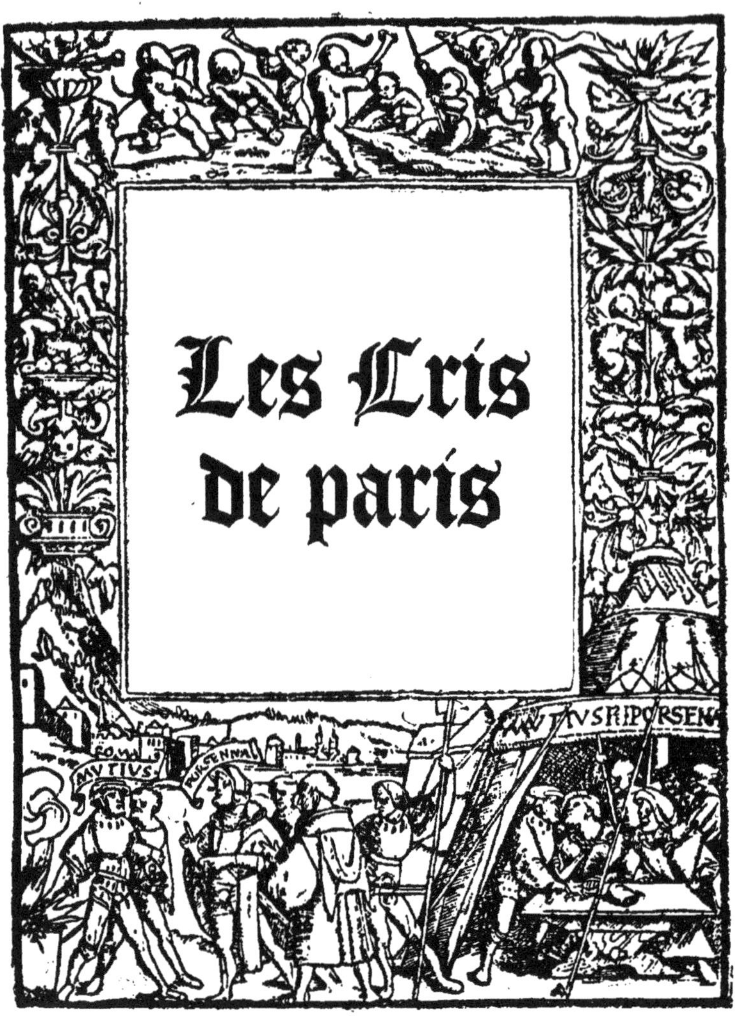

Les Cris de paris

Ai

Esuentoire

A ma belle esuentoire/
En karesme sont bien duysans
Ce que ie dis est tant notoire/
Cest pour esuenter les harens

La Viande de karesme.
Haren sozet

Haren sor/haren de la nuict/
Je crie souuent parmi la Ville/
La marchandise est fort Vtile/
Et si ie nen Vendis dennuict

Cresson

Pour gens desgoutez/non malades/
Jay de beau cresson de calier/
Pour Vn peu leur cueur escallier/
Il nest rien meilleur pour sallade

Menuise

Menuise douce menuise/
Nen Vendray ie a personne/
Si est elle belle & bonne/
Den Vendre que nul ne me nuyse

Balaine

Lart a poix/lart a poix/⁊ balaine/
De crier ie suis hors dalaine/
Cest viande de karesme/
Elle est bonne a gens qui layme

Saulce verte

Vous faut il point de sauce verte/
Cest pour manger carpes ⁊ limande/
Ca qui en veut qui en demande
Tandis que mon pot est ouuert

Cheruis

Karotte/cheruis/⁊ panes/
Cest viande a gens de bien/
Achetez/regardez les bien/
Je vous les pluux beaux ⁊ netz/

Oignons

Je vens oignons ⁊ eschallotte/
Que lon crie bon appetis/
Mes acquestz y sont si petis/
Et si ie fais petite botte

Orenge

Orenge/orenge/beaux marrons
Je vous les pluuy a ſiat
Je vendray la piece vn liart
Je vous le dy en vn mot rons

Verius

Verius vert/verius
En kareſme crie
Plus la lye ne crie
Je lay rue ius

Pruneaux

Pruneaux de Tours/pruneaux/
La qui en veut quoy ſe deliure
Je les vens huict tournois la liure/
Auſſi bon marche que dedans Tours

Gruau ſec

Jay de bon gruau ſec
Pour potage ⁊ poiſſon/
Il na quune ſaiſon
En kareſme bien le ſcay

Raisins

Raisins a la liure
Icy feray marche
Qui veult approche
Que ie men deliure

Mersu

Mersu/mersu/mersu/
En karesme bonne viande/
Ca qui en veult/qui en demande/
Que quelcun me porte bon heur

Pour leste & nouueau temps

A mes beaux cerneaux/a mes beaux cerneaux
Tout cecy pour deux tournois/
Je crie a si haute voix
Que icy suis quasi tout en eau

Cerise

Cerise douce/prunes de damas/
Guigne douce en la saison/
On nen peut faire garnison/
Parquoy ie nen fay point damas

Ci

Salade

A ma belle salade deste/
Je ne la vens quapres disner/
Pour quelcun qui veut ressiner/
Cela le faict mettre en gayete

Raue

Raue douce/raue/raue/
Je les prens dedans la cour neufue/
Je les bailleray a lespreuue/
Regardez les quelle sont braue

Febues & pois

Les pois vers/ febues de maraiz/
Ilz se vendent bien au lendit/
A y vendre iay bon credit
Aller my faut sans plus tarder

Artichaut

Artichault/artichault/
Cest pour monsieur/& pour madame
Pour rechauffer le corps & lame/
Et pour auoir le cul plus chault

Cornouille

Cornouille/cornouille/cornouille/
A daucuns qui ont la foire/
Ilz sont bonnes/voire/voire/
Quelque chose que lon barbouille

Fourmage de brie

Fourmage a la liure/
Fourmage de brie/
Tant plus haut ie crie/
Et moins icy deliure

Les herbes

A ma belle poiree/a mes beaux espinars/
A ma belle lectues/a ma belle ozeille
Du persil/ cerfeuil a merueille/
De ce que iay nespargnez pas.

Petis aulx

Pigeons de maraiz
Donne apetis
A grans & petis/
Auec beurre fraiz

Angelotz de brie

Angelotz de brie
De grands ꝛ petis/
Dachetter vous prie/
Ilz sont dapetis

Vinaigriers

Vinaigre vinas/ cendre grauellee
Moutardas/la Lye/
Que chacun de nous sallie
Pour aller boire a la gallee

Chastaigne

Chastaigne a rostir/ chastaigne/
Ilz sont bonnes aux pastez aussi
Et font la personne engressir/
Croissant aux boys pres les montaigne

Pomme

Pomme de capendu/capendu
Cest la pomme la plus royalle
Je vous la vens bonne ꝛ loyalle/
A qui vendray ie le residu

Des oeufs

Iay des oeufz fraiz/des oeufs fraiz
La marchandise tousiours duict/
Ilz ne sont chers pour le iourdhuy/
Lest marchandise de gros fraiz

Mure

Mure/douce mure/
Ca qui en veut/ qui veut taster ?
Qui en voudra se faut haster/
Ie ne veux point que lon murmure

Poire

Poire de Dagobert/
Or ca qui en demande/
Haster me faut de vendre/
Ie suis minse de haubert

Amande

Assez mal vit qui namende
Bonnes femmes ou estes vous ?
Amendez vous/amendez vous
Amande douce/amande

Gres a escurer

Qui veult de bon gres/de bon gres/
En voicy de bon deslyer/
Porter le faut au chandelier/
Ce sont ceulx qui vendent le gres

Le chandelier

Du chandelier la guise est telle/
Il va marchant sans dire mot/
Mais sa balance quant au lot
Tout presentement on lappelle

Cresme

Ceste crie fromage de cresme/
Pour manger auec des fraizette/
Et dautre fromage en karesme/
Qui se faict de chardonnerette

Poireaux

A mes beaulx poireaulx/
Qui se cuysent en eaulx/
Cest vn bon potage/
Auec du laictage

Choux

A mes beaux choux blancz
Bons sont en Vendange/
Que chacun en mange/
La pomme a Vng blanc

Poire

De dame ianne/poire a deux teste/
Auec des poire de certeau/
Le fruit est assez bon ⁊ beau/
Prenez en tous a ma requeste

Selle a cuuier

Soit pour dame ou pour ancelle
Depuis le moys de januier
Je Vous ay faict de bonne selle
Pour mettre dessouz le cuuier

Lardouere/ Faucetz

Parler fort dautruy ie me garde
Mais qui me picque/ie le larde/
Jay lardouere/⁊ des faussetz/
Achetez ⁊ regardez que cest

Du pain

Demye douzaine de pain chalant/
Dun moys nen eustes/non pas de lan
Daussi bon ꝛ de belle sorte/
Regardez a vous men rapporte

Fuzeaux

Fuzeaux de houx/fuzeaux de houx
Ou estes vous dame ou fille
Jen ay vendu puis le mois daoust
Plus dun cent dedans ceste ville

Cendre

Cendre a lavandiere/cendre a lavandiere/
Ilz sont a six blancs le boisseau
A la grande rue de sainct marceau
Tout auprès de la barbodiere

Estuves

Cest a limage saincte Jame
Ou se vont baigner ces femmes
Et baignez ꝛ estuvez/allez/
Bien servies vous y serez
De varletz/de chambriere/
De la dame bonne chere
Allez tost les baings sont prestz

Images

A mes belles images
Images pour du pain/
Achetez les auiourdhuy
Je men vois demain

Pain despice

Pain despice pour le cueur/
Dans senlis ie le vois querir
Qui dauoir en aura desir
Je luy en donneray de bon cueur

Voirre cassez

Voirre cassez/voirre cassez
Chambrieres regardez y/
Si en trouuez beaucoup damassez/
Vous me ferez vn grand plaisir

Beurre fraiz

Beurre fraiz/beurre fraiz/
Il est bon pour la morue/
Pour afin de sauuer mes fraiz
Jen vendis hyer en ceste rue

Pourpie

A moy beau pourpie
Ne trouueray ie point quelque sire/
Pour en acheter pour confire/
Tout est beau iusques aux piedz

Concombre

Aller me faut souz petit pont
En allant criant mes concombre/
Pour vendre cecy/ & des pompons/
Quelcun me porte bon encombre

Les babiolles

Liures nouueaux/
Chansons/balades/ & rondeaux/
Le passetemps michaut/
La farce du mau marie
La patience des femmes
Obstinees contre leurs maris

Les babioleux

Farce nouuelle entre cinq cens/
Pour faire rire a pleine bouche
Enquoy le cul chacun embouche/
Qui doit estre le sixiesme sens

Les Musniers

Entre nous musniers nous sommes faschez
Quon crie apres nous que auons danse/
Pour conclusion
Cest bien la raison/
Deussions nous en creuer/
Puis quauons mange
Ainsi le cochon

Des brides

Des brides a veaux
Pour frians museaux
Ca qui en demande/
Il faut que ie vende

tourne feuillet

Conclusion

Tous ces deuis que voyez en gayete
Ce sont tous cris pour bailler a entendre/
Tous y sont mis pour vous les reciter/
Tous ceux quon crie dans paris la cite
De iour en iour pour marchandise vendre/

Sil sen fallait quelcun a faire
Ce serait des brides a veaux
Vous en voyez pour satisfaire/
Qui en voudrait encore faire
Attendre en faudrait de nouueaux/

Qui plus en scaura me le die
Den plus chercher ne mestudie/
Que chacun y regarde tout beau
Plus ny en a aucun nouueau

A la messe seigneurs iefroy
Qui en aura deuotion/
Point ne tamuse au befroy/
Tost y va par affection
Fin

fin des cent ꝛ sept cri que lon crie
iournellement a paris de nouueau
compose en Rhimme
francoise pour
resiouir les
esperit
et fut
acheue dimpri=
mer le cinquiesme iour
de may mil cinq cens ꝛ quarante cinq.

Di

A monsieur le Prevost de Paris ou son Lieutenant criminel

Supplye humblement anthoine Truquet painctre demourant a Paris comme ainsi soyt quil ayt recouuert ⁊ faicte depuys demy an en ca Ung petit liure appele les cris de Paris par dictons ⁊ ioyeulx motz

Lequel liure il Uouldrait Uoluntiers faire imprimer sil Uous plaisoit luy en donner Uostre permission Requerant icelle ce considere monsieur il Uous plait permettre a icellui suplyant de pouuoir faire imprimer ledit liure ⁊ deffence estre faicte a tous aultres libraires/ imprimeurs de non imprimer ledit liure a aultres que icelui qui aura fait limpression iusques au terme quil Uous plaira ordonner/ ⁊ Uous ferez bien

Il est permis audit suppliãt de faire imprimer ledit liure ⁊ deffence a tous aultres libraires de ne le faire imprimer dung an sur peine de confiscation des liures ⁊ damande arbitraire/ faicte ce xUi auril mil cinq cens et quarante cinq/ apres quasimodo.

J. Seguier

Les cris qui ont eſte

adiouſtez de nouueau outre les cent & ſept/

nō encore imprimez iuſques a preſent

Il y en a vingt & vn dadiouſtez

Comme ſenſuyt

Les varletz de Gentilly

A gentilly ſainct ſaturnin/
Il ſera mercredy la feſte/
Venez il y a de bon vin
Pour vous mettre la corne en teſte

La Brioche

A ma brioche chalant.
Quatre pains pour vn tournois/
Je gaigne peu de monnoys/
Et ſi vay touſiours parlant

Beurre de Vanue

Beurre de vanue/cest du meilleur
Qui onc entra dedans Paris/
Achetez le dame dhonneur/
Et le salez pour voz maris

Groseille

A mes belles groseilles
Ca tost mes demoiselles
Achetez que ie vende/
Cest pour femme friande

Choux gelez

Choux gelez/les bons choux gelez/
Ilz sont plus tendres que rosees/
Ilz ont cru parmy les poirees/
Et nont iamais este greslez

Pesches

Pesches de corbeil/les pesche/
Qui en prent vne loy pesche/
Encore pesche il mieux
Celuy qui en pesche deux

Prunes de Damas

Prunes/prunes de damas/
On en faict les bons pruneaux/
Mais quon reuienne aux nouueaux
Jen feray grand amas

Fraize

Fraize/fraize/douce fraize
Approchez petite bouche
Gardez bien quon ne les froisse/
Et gardez quon ne vous touche

Cidre

Du doux/du doux pour les filles
Pour les faire pisser roide
Il guarist des hemorroides
Quand on boit plus quon ne fisses

Raisins

Raisins/raisins doux
On les mange auec du pain
Je mourrois plustost de faim
Que in sceusse prendre goust

Escargotz

Escargotz/les escargotz
Cest vne grand viande au beurre/
Auec vn feu de fagotz/
Cest pour gens qui fort labeurre

Cousteaux & cizeaux

Les cousteaux de flandres/
De moulins cizeaux/
Voila de nouueaux
Si en voulez prendre

Harey blanc

Harey blanc/harey blanc
Il nest pas pourry dedans
Il nest pas trop dessale
Mais il est un peu hasle

Camomille

Camomille est fort honneste
A mettre aux baings de ses pucelles
Pour leur lauer le cul & le reste
Cest vne herbe nompareille

Chandeliers & Martinetz

Les chandeliers/les martinetz
Ils seruent bien pour la boutique
A ceux qui sont de la practique/
Il les faut tousiours tenir netz

Fourmage dauuergne

Fourmage dauuergne/
Griffons de montagne
Sont ceux qui les font/
Et qui largent en ont

Sacz de toille

Ce sont des sacz pour plaideurs
Pour demandeurs & defendeurs/
Tenez pour mettre voz proces/
Il vaut deux solz sans point dexces

Au Palais

Qui aura trouue un sac
Depuis vendredy en ca
Le rapporte au chastellet/
Aura le vin du varlet

Oeilletz

A mon pot doeilletz
Il est plantureux
Pour faire bouquetz
Pour les amoureux

Couleuree

A ma couleuree tant belle
Pour faire un iardinet/
Pour monstrer le cabinet
A la ieune damoyselle

Pignes

Pignes de Boux/la mort aux poux
Cest la sante de la teste
Et aux enfans faire feste/
Et guarir les chatz de la toux

Fin des cris de paris

Cy fine le pꝛeſent liuret impꝛime a paris pour nicolas Buffet demourãt a la rue deſcoſſe deuant le college de reims.

m.D.xl.V.

Acheue de rimprimer le x iour de decembre
mil huict cens lxxvii par Durand ĩprimeur
a chartres en beauſce/ pour Baillieu marchant
libraire tenant ſa boutique ſur le quay des
grãds auguſtins proche le pont neuf a paris

Bibliotheque gothique

Pathelin

www.ingramcontent.com/pod-product-compliance
Ingram Content Group UK Ltd.
Pitfield, Milton Keynes, MK11 3LW, UK
UKHW021951260726
13994UKWH00004B/1681

9 782329 365404